东方吉金
杨休先生捐赠青铜器

GOLDEN ORIENT
BRONZE WARES DONATED
BY YANG XIU

目录

壹

食器

I

Food
Vessels

壹

涡纹鼎 | *Ding* with
Vortex Pattern

西周早期

口径 20.8、腹深 11.8、足高 7.8 厘米

通高 23.6 厘米，重 2.4 千克

Early Western Zhou Dynasty

Mouth diameter 20.8 cm, belly depth 11.8 cm, foot height 7.8 cm,

full height 23.6 cm, weight 2.4 kg

● 口近桃形，微敛，窄沿外折，两绚索状立耳，深腹微鼓，圜底近平，三柱状足。口沿下饰一周九枚圆形旋涡纹，间饰粗线条顾龙纹，并隐约可见云雷地纹痕迹。器底可见范线与加强筋，足部有二次浇铸痕迹。

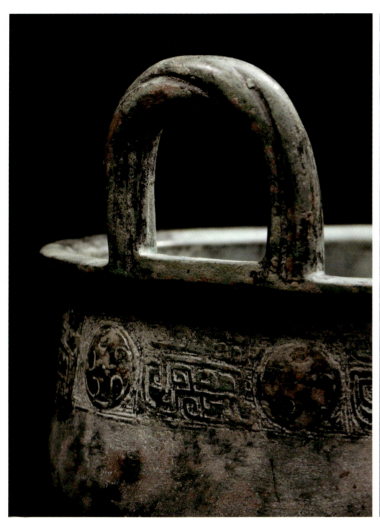

涡纹鼎 | *Ding* with
Vortex Pattern

西周早期

口径 20.8、腹深 11.6、足高 8.0 — 9.4 厘米

通高 24.0 厘米，重 2.3 千克

Early Western Zhou Dynasty

Mouth diameter 20.8 cm, belly depth 11.6 cm, foot height 8.0 – 9.4 cm,
full height 24.0 cm, weight 2.3 kg

● 口近桃形，微敛，窄沿外折，两绹索状立耳，深腹微鼓，圜底近平，三柱状足。口沿下饰一周九枚圆形旋涡纹，间饰四瓣目纹，并以云雷纹为地，纹饰整体漫漶严重。口沿处有缺口，柱足下部可见补铸痕迹。

夔龙纹鼎

Ding with
Kui-dragon Pattern

西周晚期

Late Western Zhou Dynasty

口径 19.0、腹深 7.3、足高 8.0 厘米

Mouth diameter 19.0 cm, belly depth 7.3 cm, foot height 8.0 cm,

通高 18.6 厘米，重 1.0 千克

full height 18.6 cm, weight 1.0 kg

● 折沿，方唇，双立耳，颈微束，腹微鼓，圜底，三锥足外撇。腹部饰七组宽线条夔龙纹，以云雷纹为地，其下有一周鳞纹。通体可见锈蚀痕迹及白色硬结物。锥足内侧可见凹槽，底部可见三角形加强筋。

夔龙纹鼎

Ding with
Kui-dragon Pattern

春秋早中期

口径 25.3、腹深 12.3、足高 9.9 厘米

通高 24.0 厘米，重 3.1 千克

Early and Mid Spring and Autumn Period

Mouth diameter 25.3 cm, belly depth 12.3 cm, foot height 9.9 cm,

full height 24.0 cm, weight 3.1 kg

● 敞口，折沿，双立耳微外撇，球形腹，圜底，高蹄形足，足根处呈空心状。腹上部饰一周花冠顾首夔龙纹，可见云雷地纹，纹饰上下以凸弦纹作界栏，下界栏以下另有一周凸弦纹。腹下可见三条明显范线。

龙纹盖鼎 | Dragon-patterned *Ding*
with Lid

春秋晚期 | Late Spring and Autumn Period

口径 21.0、腹深 14.8、盖径 22.4 厘米 | Mouth diameter 21.0 cm, belly depth 14.8 cm, lid diameter 22.4 cm,

通高 25.6 厘米，重 2.9 千克 | full height 25.6 cm, weight 2.9 kg

● 有盖。盖面较平，盖顶中心置一扁环纽，盖面有三曲尺形纽。器身子口承盖，口微敛，附耳微内斜，耳下呈弯钩状，腹微鼓，下腹斜收，平底，高蹄形足。盖面饰两周窄带交龙纹与一周宽带交龙纹，呈同心圆式布局，以一周圈带相隔。器身纹饰可分两组，口沿下饰一宽一窄两周交龙纹，中腹以凸弦纹相隔，下饰一周宽带交龙纹。三足可见范线，与腹身连接处可见铸痕。

蟠螭纹鼎 | *Ding* with
Pan Chi Dragon Pattern

春秋晚期
口径 21.6、腹深 8.8、足高 10.1 厘米
通高 19.4 厘米，重 2.6 千克

Late Spring and Autumn Period

Mouth diameter 21.6 cm, belly depth 8.8 cm, foot height 10.1 cm,
full height 19.4 cm, weight 2.6 kg

● 口微敛，外折沿，长方形附耳，平底，实心蹄形足。耳内外各饰三组龙纹，以纵轴呈轴对称排布，耳外侧上方饰两条回首龙，中部饰两条相对的S形龙，下接两条盘龙，耳内侧龙纹布局与耳外侧一致，纹样略简化。腹部饰两周蟠螭纹，纹饰繁满，以一周绚索纹相隔。腹身与蹄足分铸，腹下、蹄足处均可见明显范线。

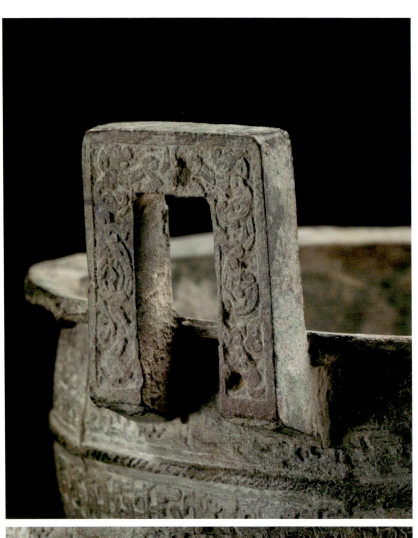

三环纽素面鼎 | Plain *Ding* with
Three Ring-shaped Knobs

战国中期

Mid Warring States Period

口径 14.0、腹深 10.4、足高 8.0 厘米

通高 16.5 厘米，重 2.1 千克

Mouth diameter 14.0 cm, belly depth 10.4 cm, foot height 8.0 cm,

full height 16.5 cm, weight 2.1 kg

● 有盖。盖面略鼓，盖面立三环状纽。器身子口承盖，长方形附耳微外撇，鼓腹下收，小平底，三蹄形足。盖素面，腹中部饰一周凸弦纹。盖与腹壁局部可见修复痕迹，足与腹接连处可见铸痕。盖内侧有伪刻铭文。

弦纹鼎

Ding with Bowstring Pattern

战国中期

口径 21.9、腹深 15.0、足高 18.5 厘米

通高 29.0 厘米，重 3.3 千克

Mid Warring States Period

Mouth diameter 21.9 cm, belly depth 15.0 cm, foot height 18.5 cm,
full height 29.0 cm, weight 3.3 kg

● 有盖。盖面略鼓，盖顶中心有一圆纽，盖面立三兽形环纽。
器身子口承盖，长方形附耳外撇，深腹，圜底，三瘦高蹄
形足。盖面饰两周凸弦纹，腹身、蹄足均素面。腹身与蹄
足分铸，腹下、蹄足处均可见明显范线。腹部可见伪刻铭文。

弦纹鼎 | *Ding* with Bowstring Pattern

战国中期

口径 22.0、腹深 14.2、足高 18.2 厘米

通高 28.7 厘米，重 3.1 千克

Mid Warring States Period

Mouth diameter 22.0 cm, belly depth 14.2 cm, foot height 18.2 cm,

full height 28.7 cm, weight 3.1 kg

● 有盖。盖面略鼓，盖顶中心有一圆纽衔环，盖面立三兽
形环纽。器身子口承盖，长方形附耳外撇，深腹，圜底，
三瘦高蹄形足。盖面饰两周凸弦纹，腹身、蹄足均素面。
腹身与蹄足分铸，腹下、蹄足处均可见明显范线。腹部可
见伪刻铭文。

弦纹鼎

西汉

口径 12.6、腹深 10.2、足高 7.5 厘米

通高 15.9 厘米，重 1.6 千克

Ding with
Bowstring Pattern

Western Han Dynasty

Mouth diameter 12.6 cm, belly depth 10.2 cm, foot height 7.5 cm,

full height 15.9 cm, weight 1.6 kg

● 子口，向内敛折，未见鼎盖，长方形附耳外撇，扁圆腹，
圆底，三矮蹄形足。腹中部饰一周凸弦纹。三足底部均存
有浇铸痕迹。腹部可见伪刻铭文。

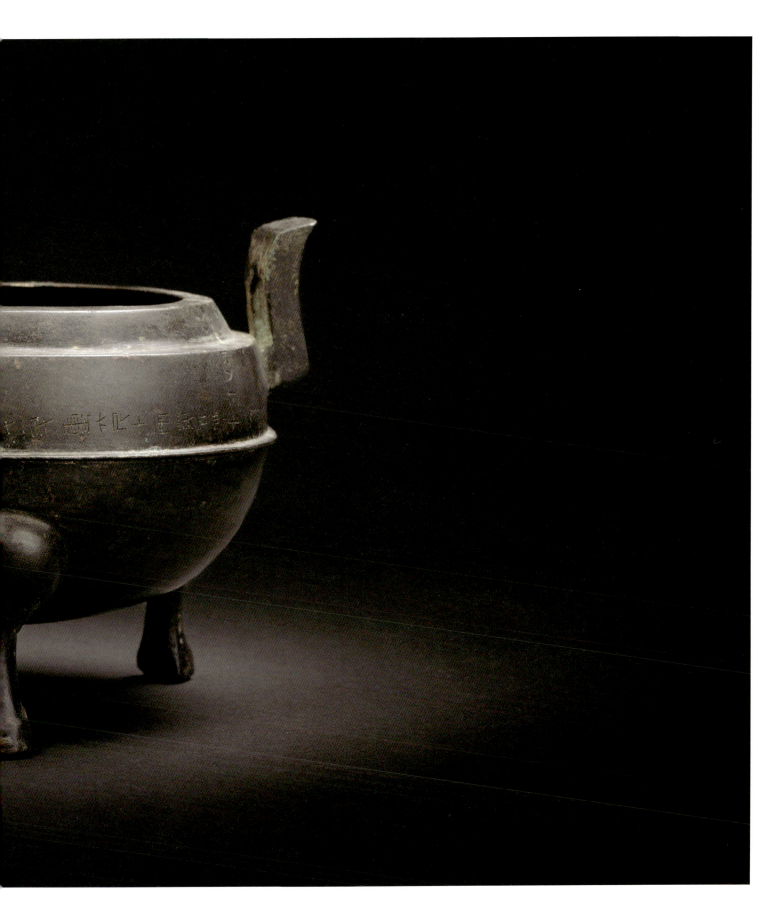

盆形鼎 | Basin-shaped *Ding*

西汉 | Western Han Dynasty

口径 28.4、腹深 10.8、足高 10.2 厘米 | Mouth diameter 28.4 cm, belly depth 10.8 cm, foot height 10.2 cm,

通高 16.4 厘米，重 1.7 千克 | full height 16.4 cm, weight 1.7 kg

● 敞口，折沿，腹微弧，圜底，三铲形足外撇。口沿下饰一周十二个连续的菱格纹，已漫漶不清，外侧菱形线条交接处饰变形云纹点缀，腹部纹饰下另有一周凸弦纹。该器腹身与足分铸，腹、足接缝处可见明显范线。腹部有伪刻纹饰与铭文。

令鬲 | *Li* Made by Ling

西周早期

口径 15.9、耳高 3.6 厘米

通高 18.8 厘米，重 1.1 千克

Early Western Zhou Dynasty

Mouth diameter 15.9 cm, ear height 3.6 cm,

full height 18.8 cm, weight 1.1 kg

● 口呈桃形，侈口，沿外翻，近方唇，口上双立耳微外撇，束颈，鼓腹，袋足，高分裆，三圆柱状实足跟。耳饰绹索纹，颈部饰一周斜长三角目雷纹带，计有目纹六，目呈圆角方形，中间瞳仁为槽孔状，两目纹间饰由三个方形雷纹和一个三角雷纹组成的组合纹饰。足内侧范线较清晰，当为三合范铸成。器内壁铸有铭文"令作父庚季乒（厥）宝尊彝"两行九字。

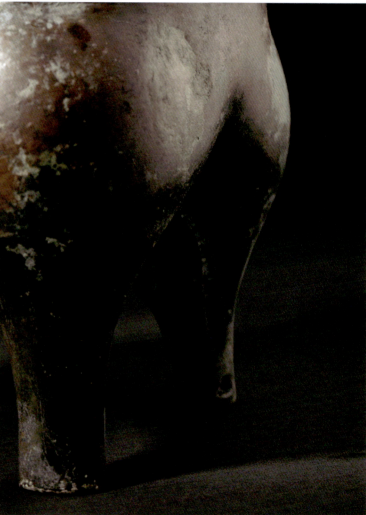

令作父庚季

氒（厥）宝尊彝

蟠虺纹甗 | *Yan* with
Pan Hui Serpent Pattern

春秋中期

通高 47.9 厘米

甑口径 33.4、腹围 106.0 厘米

高 27.0 厘米，重 4.6 千克

鬲口径 19.0、腹围 75.0 厘米

高 22.9 厘米，重 3.5 千克

Mid Spring and Autumn Period

Full height 47.9 cm

Zeng: mouth diameter 33.4 cm, belly circumference 106.0 cm,

height 27.0 cm, weight 4.6 kg

Li: mouth diameter 19.0 cm, belly circumference 75.0 cm,

height 22.9 cm, weight 3.5 kg

● 分体式甗，上甑下鬲组合而成。

● 甑直口，外折沿，束颈，长方形附耳，弧腹下收，平底，设一个"十"字形和二十四个放射状长条箅孔。耳外饰蟠虺纹，耳内饰顾龙纹。近沿处饰两周顾龙纹，腹部一周绹索纹下饰两周蟠虺纹及一周蝉纹。

● 下为联裆鬲，侈口，折沿，口内有用来插榫圈的凹形母口，束颈，溜肩，外附长方形耳，鼓腹，三足。素面。腹身底部可见明显范线。

蟠螭纹甗

春秋中晚期

通高 36.7 厘米

甑口长 22.5、口宽 18.8、高 20.5 厘米、重 2.5 千克

鬲口长 17.4、口宽 12.6、高 20.1 厘米、重 2.9 千克

Yan with
Pan Chi Dragon Pattern

Mid and Late Spring and Autumn Period

Full height 36.7 cm

Zeng: mouth length 22.5 cm, mouth width 18.8 cm, height 20.5 cm, weight 2.5 kg

Li: mouth length 17.4 cm, mouth width 12.6 cm, height 20.1 cm, weight 2.9 kg

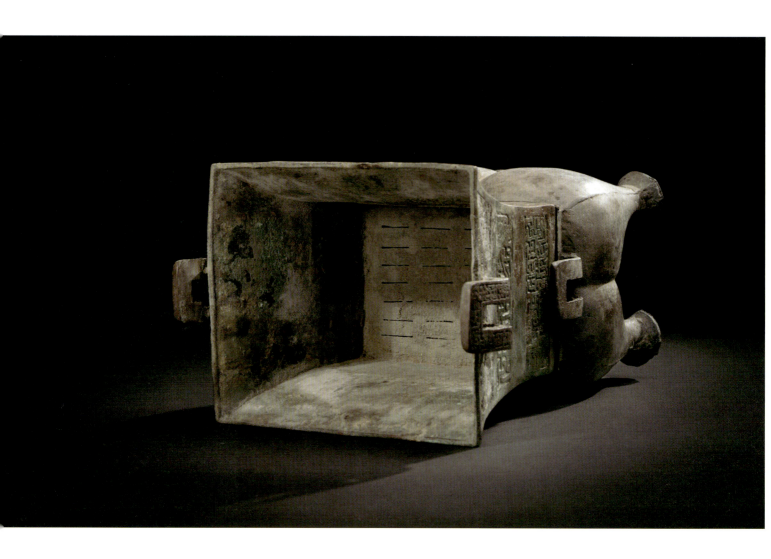

● 分体式甗，上甑下鬲组合而成。

● 甑为长方形，侈口，口外两侧有附耳，各有一对横梁与口部相连，深腹，腹壁自上而下内曲收敛，平底，设四列七行共二十八个平行细线式箅孔，底外缘有一周榫圈，作子口。耳外满饰蟠螭纹，耳内素面。口沿至底纹饰以宽带纹相隔，可分三区。上区口沿下饰一周蟠螭纹；中区腹部长边两面各饰两组完整的变形顾龙纹，短边两面亦饰两组变形顾龙纹，线条均简化，留白处填蟠螭纹；下区近底部饰一周蟠螭纹。

● 下为方鬲，侈口，折沿，口内有用来插榫圈的凹形母口，口外两侧有附耳，各有一对横梁与口部相连，鼓腹，联裆，凹底，裆线连于腰际，四蹄形足。素面。底、足均有补铸痕迹。

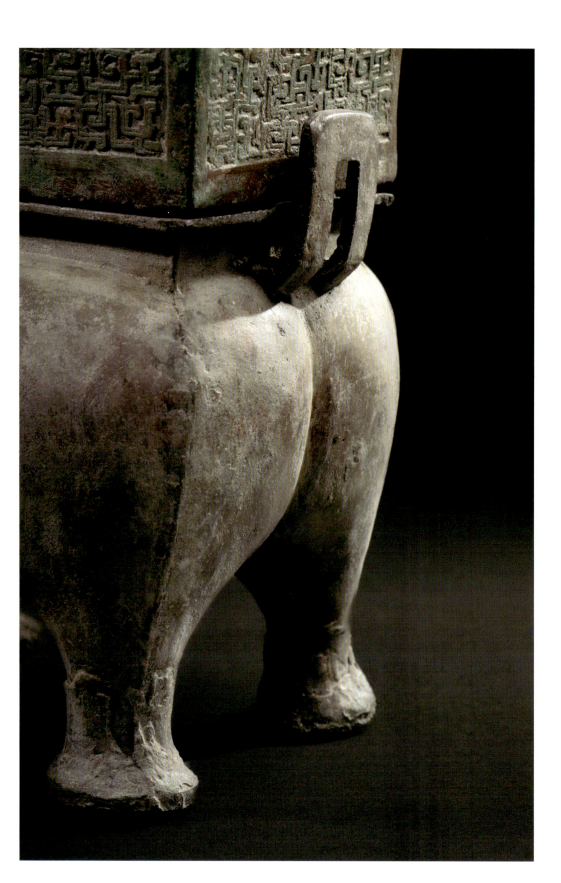

父乙簋 | *Gui* Made for Fu Yi

西周早期

口径 16.7、腹径 26.1、足径 14.6 厘米
高 19.5 厘米，重 2.0 千克

Early Western Zhou Dynasty

Mouth diameter 16.7 cm, belly diameter 26.1 cm, foot diameter 14.6 cm,
height 19.5 cm, weight 2.0 kg

● 盖子口，盖面隆起，顶部有圆形捉手，捉手镂两对称方形小孔。器身侈口，颈微束，鼓腹，平底，圈足，下有高直阶状足跟。腹部两侧有对称的龙形半环耳，下有垂珥。盖面饰竖线纹，隐约可见凸起的两牺首和周边纹饰。器身口沿下饰两对夔纹，空白处以云雷纹为地。腹上部饰一周凹弦纹，弦纹下腹部饰竖棱纹。圈足亦饰两对夔纹，形态结构与口沿下夔纹相似，唯牺首角部形状略有区别，间以乳丁纹点缀。两耳龙为圆目，长身，龙身饰阴线卷云纹，垂珥两侧对称饰卷尾纹。器底有铭文"作父乙宝尊彝，子孋"两行八字。

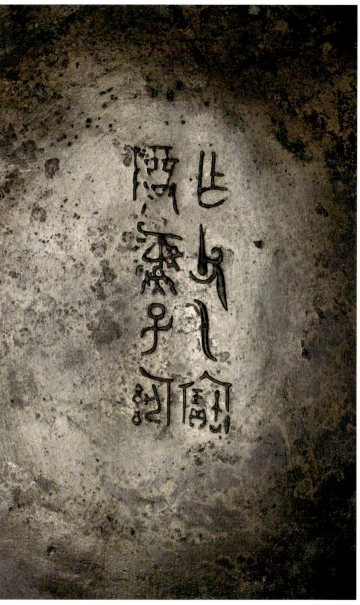

竖棱纹簋 | *Gui* with
Vertical Ribbed Pattern

西周早期

口径 19.5、腹径 16.5、足径 15.4 厘米

高 14.5 厘米，重 1.7 千克

Early Western Zhou Dynasty

Mouth diameter 19.5 cm, belly diameter 16.5 cm, foot diameter 15.4 cm,

height 14.5 cm, weight 1.7 kg

侈口，方唇，束颈，深腹微鼓，平底，高圈足，下有高直阶状足跟。腹部两侧有对称的龙形半环耳，下有垂珥。器身自上而下饰三组纹饰。颈部对称分布两牺首，两侧饰兽面纹带，除双目凸出外，其余部分以细密的云雷纹组成。腹部饰一周竖棱纹。足上部亦作兽面纹带，扉棱两侧有大目。两耳龙面部可见双目、双耳，双角置于龙首顶部两侧，龙身饰阴线卷云纹，垂珥两侧对称饰卷尾纹。器底可见网格状加强筋。

史父丁簋

Gui with
Inscription "Shi Fu Ding"

西周早期

口径 21.7、腹径 22.4、足径 17.2 厘米

高 15.6 厘米，重 3.3 千克

Early Western Zhou Dynasty

Mouth diameter 21.7 cm, belly diameter 22.4 cm, foot diameter 17.2 cm,

height 15.6 cm, weight 3.3 kg

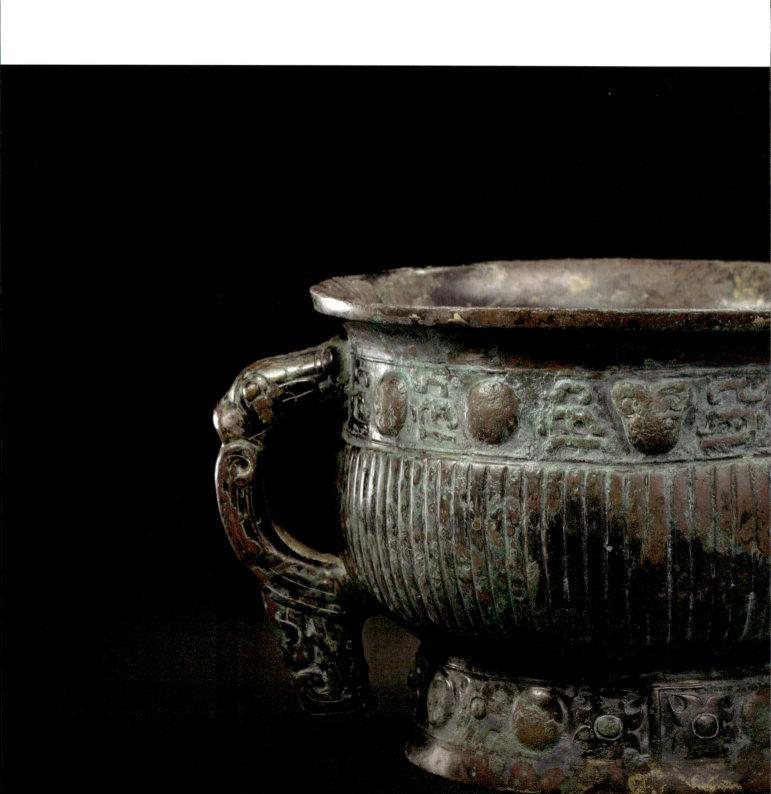

● 敞口，卷沿，方唇，束颈，腹微鼓，下腹弧收，圜底，高圈足微外撇。腹部两侧有对称的兽形半环耳，下垂方珥。颈中部饰兽首，间饰涡纹、折体夔龙纹各四组。腹部饰竖棱纹。圈足饰由十个四瓣目纹和八个涡纹组成的纹饰带，并以凸线为界，分为两组。两耳上部浮雕兽首，兽角向后平伸，角端圆钝，角下有长条形耳，弯勾眉，半圆尖状眼眶，圆睛暴突，兽嘴下半环耳为兽身，两侧面依形对称饰阴线卷云纹，垂珥两侧对称饰卷尾纹。器内底部有铭文"史父丁"三字。

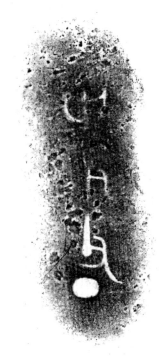

米筛纹盘形簋 | Plate-shaped *Gui* with
Rice Sieve Pattern

春秋早期 | Early Spring and Autumn Period

口径 15.5、腹径 15.1、足径 13.1 厘米 | Mouth diameter 15.5 cm, belly diameter 15.1 cm, foot diameter 13.1 cm,

高 7.2 厘米，重 0.4 千克 | height 7.2 cm, weight 0.4 kg

● 口微侈，出窄沿，颈收束，浅腹，圈足，足上部弧收。颈下两侧有附耳，耳高于口沿，并饰绚索纹。口沿内壁有两层纹饰，上层为列刀状纹连接谷纹，共六组；下层饰变形勾连对鸟纹。外腹满饰米筛纹，米筛中心间隔分布有小乳丁和小圆点。米筛纹上下各饰一周由三条平行线组成的三角折线纹。圈足饰一周变形勾连对鸟纹。底部中央有一道凸出的加强筋。此类米筛纹多流行于春秋战国时期的印纹硬陶上。

窃曲纹簠

Fu with Curved and Hooked Pattern

春秋早期

Early Spring and Autumn Period

口长 28.7、宽 23.0 厘米，底长 18.1、宽 14.1 厘米

通高 16.7 厘米，重 4.4 千克

Mouth length 28.7 cm, width 23.0 cm; bottom length 18.1 cm, width 14.1 cm; full height 16.7 cm; weight 4.4 kg

● 整器呈长方形，盖、身对称，相合而成。口微侈，方唇，外折沿，腹壁斜收，平底，曲尺形圈足外撇，足间有桃形缺口。盖、身两短边均有兽首环形耳。盖顶饰龙首窃曲纹，盖、身腹壁均饰龙首窃曲纹、卷体顾龙纹各一周。内底有伪刻铭文。

蟠螭纹簠

Fu with Pan Chi Dragon Pattern

春秋中晚期

Mid and Late Spring and Autumn Period

口长 31.0、宽 22.3 厘米，底长 24.1、宽 16.0 厘米

Mouth length 31.0 cm, width 22.3 cm; bottom length 24.1 cm, width 16.0 cm;

通高 20.6 厘米，重 4.8 千克

full height 20.6 cm; weight 4.8 kg

● 整器呈长方形，盖、身对称，相合而成。敞口，方唇，折腹，下腹斜收，曲尺形圈足外撇，足间有扁桃形缺口。盖口沿处有六枚兽面卡扣，长边两枚，短边一枚。盖、身两短边均有兽首环形耳。整器纹饰可分三组，上下圈足饰细密蟠虺纹，盖面、器底和腹身饰蟠螭纹，盖、身近口沿处则饰较为粗大的蟠虺纹。

蟠虺纹簠 | *Fu* with
Pan Hui Serpent Pattern

春秋晚期

口长 29.5、宽 21.9 厘米，底长 27.1、宽 16.9 厘米

通高 20.0 厘米，重 5.4 千克

Late Spring and Autumn Period

Mouth length 29.5 cm, width 21.9 cm; bottom length 27.1 cm, width 16.9 cm;

full height 20.0 cm; weight 5.4 kg

● 整器呈长方形，盖、身对称，相合而成。直口，内折沿，斜腹，平底，曲尺形圈足外撇，足间有扁桃形缺口。盖口沿处有六枚兽面卡扣，长边两枚，短边一枚。盖、身两短边均有兽首环形耳，张口卷尾，分铸而成。周身饰细密蟠虺纹，已漫漶不清。

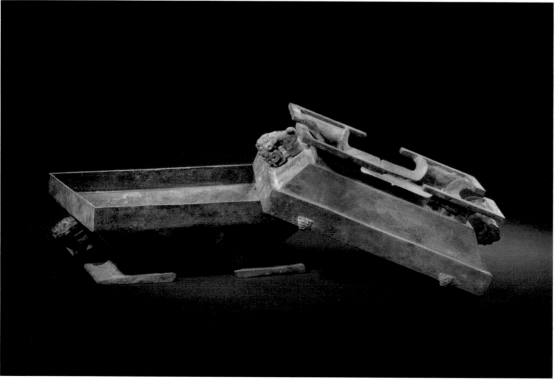

蟠虺纹簠 | *Fu* with
Pan Hui Serpent Pattern

春秋晚期

口长 29.6、宽 21.5 厘米，底长 29.8、宽 22.1 厘米

通高 26.5 厘米，重 5.3 千克

Late Spring and Autumn Period

Mouth length 29.6 cm, width 21.5 cm; bottom length 29.8 cm, width 22.1 cm;

full height 26.5 cm; weight 5.3 kg

● 整器呈长方形，盖、身对称，相合而成。直口，内折沿，斜腹，平底，曲尺形高圈足外撇，足间有桃形缺口。盖口沿处每边各有一枚兽首状卡扣，盖、身两短边均有兽首环形耳。周身饰蟠虺纹，部分漫漶。

卷云纹染炉 | *Ran Lu* with
Rolling Cloud Pattern

西汉 | Western Han Dynasty

通高 12.5 厘米 | Full height 12.5 cm

耳杯长 13.5、宽 10.2 厘米，重 0.2 千克 | Ear cup: length 13.5 cm, width 10.2 cm, weight 0.2 kg

染炉长 24.5、宽 7.3、高 10.0 厘米，重 0.9 千克 | *Ran Lu*: length 24.5 cm, width 7.3 cm, height 10.0 cm, weight 0.9 kg

● 由耳杯和染炉组成。耳杯呈椭圆形，两侧有半月形耳，弧腹，平底。染炉椭圆形直口，口上附四短立柱，上部镂空透雕卷云纹，底座呈长方形，腹壁斜内收，长侧面穿璧纹居中，两侧饰斗拱纹饰，短侧面一侧有一曲形手柄，四足均为斗拱状，炉底呈箅状，有十二个长条形箅孔，下连承盘。

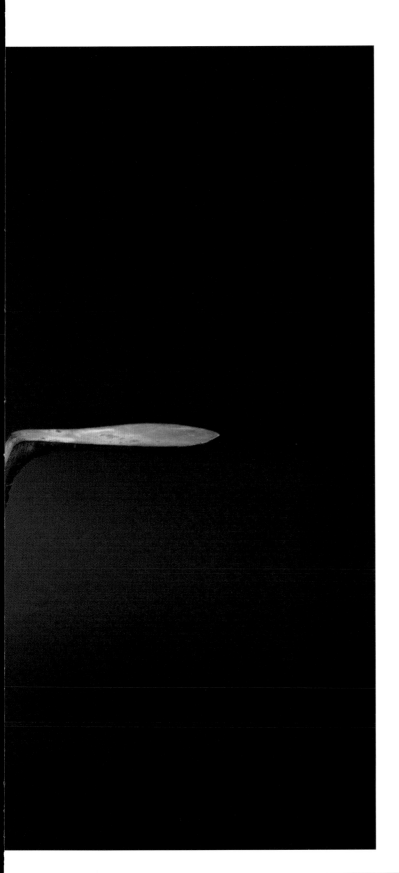

四神染炉 | *Ran Lu* with
Four Gods Pattern

西汉 | Western Han Dynasty

通高 11.4 厘米 | Full height 11.4 cm

耳杯长 14.1、宽 11.0 厘米，重 0.1 千克 | Ear cup: length 14.1 cm, width 11.0 cm, weight 0.1 kg

染炉长 25.0、宽 7.8、高 9.5 厘米，重 0.8 千克 | *Ran Lu*: length 25.0 cm, width 7.8 cm, height 9.5 cm, weight 0.8 kg

● 由耳杯和染炉组成。耳杯呈椭圆形，两侧有半月形耳，弧腹，平底。染炉椭圆形直口，口上附四短立柱，上部透雕青龙、白虎、朱雀、玄武四神形象，底座呈长方形，腹壁作四层阶梯状内收，一侧有一曲形手柄，四足为四人呈蹲踞肩扛状，炉底呈箅状，有八个长条形箅孔。

II

Wine
Vessels

兽面纹爵 | *Jue* with
Beast Face Pattern

商晚期 | Late Shang Dynasty

口径 7.4、流尾长 15.5、柱高 3.9、足高 9.5 厘米 | Mouth diameter 7.4 cm, length from mouth to tail 15.5 cm, column

通高 20.5 厘米，重 1.0 千克 | height 3.9 cm, foot height 9.5 cm, full height 20.5 cm, weight 1.0 kg

● 昂流，尖尾，半卵形腹，三棱锥状尖足外撇。腹部一侧有半环形鋬，流与鋬之间的口沿上立有对称菌状双柱，足内侧见有凹槽。柱头饰涡纹，流尾饰蕉叶纹，口下饰三角云雷纹，腹部以三扉棱为隔，饰两组兽面纹，并以云雷纹为地，鋬上部饰牛首。

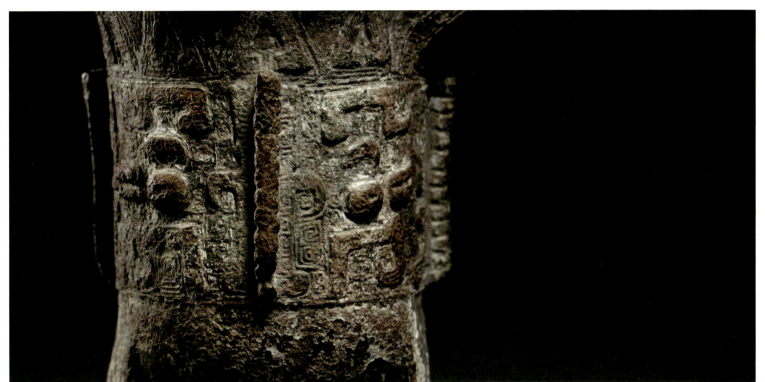

兽面纹尊

西周早期

口径 20.0、足径 13.2、高 24.0 厘米

重 2.2 千克

Zun with
Beast Face Pattern

Early Western Zhou Dynasty

Mouth diameter 20.0 cm, foot diameter 13.2 cm, height 24.0 cm,
weight 2.2 kg

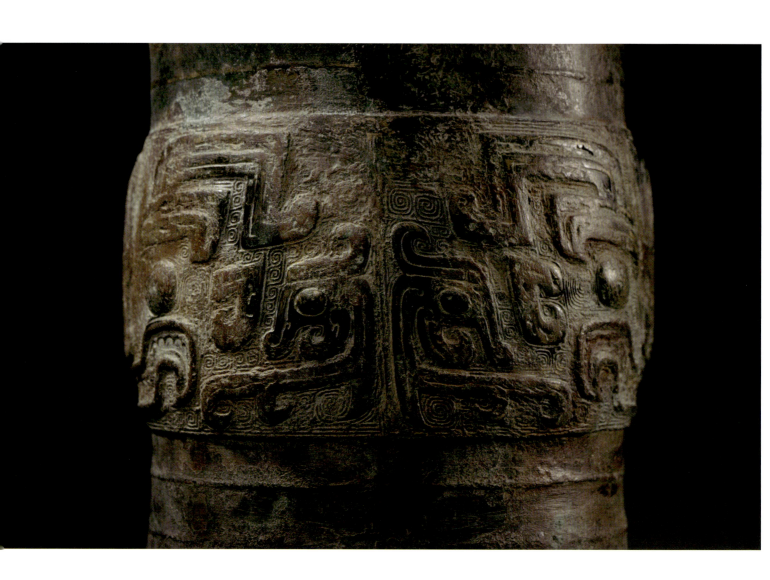

● 整体呈筒状。喇叭形口，腹深微鼓，圜底，圈足外撇。
腹部以云雷纹为地，上饰分体兽面纹，方目圆睛，粗眉
长角，鼻梁凸起，两侧置一对 C 形耳。兽面两侧饰顾首
夔龙纹。腹部上下各有两周凸弦纹。口部可见修复痕迹。

寿尊 | *Zun* Made by Shou

西周早期偏晚

口径 19.4、足径 13.9、高 22.6 厘米

重 2.1 千克

Late Period of Early Western Zhou Dynasty

Mouth diameter 19.4 cm, foot diameter 13.9 cm, height 22.6 cm,

weight 2.1 kg

● 大侈口，厚方唇，粗颈，圆鼓腹，圜底，高圈足外撇，下折成阶。颈下和足上部各饰两周凸弦纹。腹部上下各饰一周由两组顾首鸟纹和夔龙纹组成的纹饰带。顾首鸟纹两鸟首相对，前有羽冠，鸟目圆凸，鸟喙高昂，长身上折平伸，尾羽下折。鸟纹尾部旁为一夔龙纹，龙首向下，尾高翘，身下有两足。腹上部每组顾首鸟纹间界以貘首，腹下部每组顾首鸟纹间界以花瓣扁扉棱。纹饰带上下均有一周凸弦纹。内底铸有铭文"寿作父乙旅彝"两行六字。

龙纹扁壶 | Flat Pot with Dragon Pattern

战国早期

口径 5.4、腹长 22.1、腹宽 14.0 厘米

高 26.4 厘米，重 1.4 千克

Early Warring States Period

Mouth diameter 5.4 cm, belly length 22.1 cm, belly width 14.0 cm,

height 26.4 cm, weight 1.4 kg

● 壶体截面呈纺锤形。直口，平沿，溜肩，鼓腹，平底，圈足微外撇。肩部两侧各有一兽面铺首衔环。壶身自上而下饰四周绚索纹，间饰三组龙纹，绚索纹以两组曲线绞成，每组内可见三股平行曲线。龙纹每组两周，龙作卷尾回首状，形状一致，错位排布。内外可见多处垫片痕迹，外底有一铸成的鸡爪形图案。

曲龙纹壶

战国早期

口径 10.6、腹径 21.7、足径 13.4 厘米

高 29.8 厘米，重 2.0 千克

Pot with
Curvy Dragon Pattern

Early Warring States Period

Mouth diameter 10.6 cm, belly diameter 21.7 cm, foot diameter 13.4 cm,

height 29.8 cm, weight 2.0 kg

● 敞口，窄平沿，器口较颈部微凸，束颈，溜肩，圆鼓腹，
平底，圈足，下折成阶。肩部两侧设对称的铺首。肩腹
部主纹以两周凸弦纹和两周宽带纹分为三区，下部凸弦
纹上饰变体蝉纹。三区内纹饰相同，由两条形状一致、
方折卡嵌的盘曲小龙构成一组纹饰，循环往复。龙首圆目，
吻部长而卷曲，龙身为双钩线，上半身体叠压下半身体。
兽面铺首位于上区纹饰带内，可见双耳、卷云形眉，眉
侧另有兽角一对。主纹上留有两道纵向对分的清晰范线。

云纹壶 | Pot with
Cloud Pattern

战国中晚期

口径 10.9、腹径 22.4、足径 13.7 厘米

通高 35.0 厘米，重 3.3 千克

Mid and Late Warring States Period

Mouth diameter 10.9 cm, belly diameter 22.4 cm, foot diameter 13.7 cm,

full height 35.0 cm, weight 3.3 kg

● 有盖。盖缘平折，内设子口，盖面隆起，立有三兽纽。
器身口微侈，平沿内折，束颈，耸肩，鼓腹，下腹斜收，
平底，喇叭形高圈足。肩两侧有对称的铺首衔环。盖面饰
六周凸弦纹。器身纹饰以宽带纹相隔，分为五区。颈部饰
一周蕉叶纹，其间填蟠虺纹；腹部饰三周云纹，以三角雷
纹为地；圈足饰一周蟠虺纹。兽面铺首设于腹部上区纹饰
带内，绚索纹衔环。器身四面各有一道明显的范线。

鏨刻纹壶 | Pot with
Chiselled Pattern

西汉 | Western Han Dynasty

口径 8.2、腹径 14.7、足径 9.7 厘米 | Mouth diameter 8.2 cm, belly diameter 14.7 cm, foot diameter 9.7 cm,
通高 19.0 厘米，重 0.8 千克 | full height 19.0 cm, weight 0.8 kg

● 有盖。盖缘平窄，内设子口，盖面微隆，盖顶中心置一
桥形纽，纽上有圆环。器身口微侈，窄平沿，鼓腹，平底，
圈足外撇。上腹部对称设一对铺首衔环。盖中心为柿蒂纹，
四叶间鏨刻鹿纹，鹿身周围可见花草纹。器身口沿下及圈
足各饰一周三角纹内填卷叶纹。颈部饰一周蕉叶纹内填圆
圈纹与卷叶纹。肩部宽带内饰一周波浪纹。腹中部为主纹，
为由近五十个神兽、仙人组成的仙山画面，以花叶纹和山
形长幅线条为背景，可辨动物形象以飞鸟与鹿为最多，
另有三种羽人形象。下腹部凸棱下饰桃形卷云纹。顶部圆
环和铺首衔环均饰绚索纹。

凤鸟纽提梁壶 | Loop-handled Pot with
Phoenix or Bird Knob

西汉

口径 11.6、腹径 23.7、足径 16.6 厘米

通高 32.5 厘米，重 2.4 千克

Western Han Dynasty

Mouth diameter 11.6 cm, belly diameter 23.7 cm, foot diameter 16.6 cm,

full height 32.5 cm, weight 2.4 kg

● 有盖。盖面微隆，盖顶中心立凤鸟形纽。器身侈口，束颈，
扁圆腹，平底，喇叭形高圈足。腹两侧各有一圆纽衔环，
环上系素面链锁，并穿过器盖两侧较大的圆环，上以弓形
提梁连接，提梁两端作兽首形圆环。上腹部饰三周凸弦
纹。底部可见凸棱范线。

长颈壶 | Long-necked Pot

西汉
口径 5.1、腹径 18.0、足径 12.6 厘米
高 29.1 厘米，重 0.8 千克

Western Han Dynasty
Mouth diameter 5.1 cm, belly diameter 18.0 cm, foot diameter 12.6 cm,
height 29.1 cm, weight 0.8 kg

● 小口，圆唇，长直颈，溜肩，扁鼓腹，平底，圈足。器表
錾刻细密花纹，分三部分。口沿下至上腹部共有纹饰十三周，
每周以素面条带分隔，以锯齿纹、菱形网格纹、锯齿纹和羽
纹为一组，共三组，并以一周较细的菱形网格纹收尾。其下
以两周宽凹带作分隔，腹部饰锯齿纹、菱形网格纹、锯齿纹、
菱形织锦纹各一周，其中菱形织锦纹所占面积较大。圈足饰
锯齿纹、菱形网格纹各一周，间以一周素面条带。

寿卣 | *You* Made by Shou

西周早期偏晚 | Late Period of Early Western Zhou Dynasty

盖长 14.4、宽 12.1、高 7.2 厘米 | Lid length 14.4 cm, width 12.1 cm, height 7.2 cm;

口长 13.2、宽 10.8 厘米 | mouth length 13.2 cm, width 10.8 cm;

足长 14.5、宽 12.9 厘米 | foot length 14.5 cm, width 12.9 cm;

器高 15.8 厘米，通高 20.1 厘米 | height 15.8 cm; full height 20.1 cm;

重 3.0 千克 | weight 3.0 kg

● 盖平面呈圆角方形，母口，沿外撇，壁微内曲，盖顶有捉手，盖面两侧缘各有一宽犄角形饰。器身高子口，平沿略内斜，垂腹圆鼓，圜底，高圈足外撇，下折成阶。上腹两侧设半环形耳，衔弓形提梁两端为圆环，环外各饰一夔首。

● 盖面饰一周凸弦纹，下方纹饰带以两周凸弦纹为界栏，纹饰中部为一夔首，两侧各饰一顾首鸟纹，鸟身伸出两爪，鸟尾延一爪后探，尾端下垂。鸟尾和盖面犄角形饰之间又饰一顾首鸟纹，鸟首装饰如前，身、尾简化。器身上腹部两周凸弦纹间为主纹，中部为一夔首，两侧顾首鸟纹头部与羽冠呈分体状，同侧伸出两爪，下垂鸟尾依旧形成纹饰分界。鸟尾与器身环耳间又饰一顾首鸟纹。圈足饰两周凸弦纹。提梁以中部花瓣扁扉棱为界，左右各饰两组夔龙纹。

● 盖内和器内底铸有相同铭文"寿作父乙旅彝"两行六字。

寿作父乙
旅彝

盖内壁

器内底

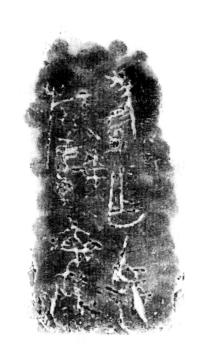

云纹尊缶

Zun Fou with
Cloud Pattern

战国中晚期

Mid and Late Warring States Period

口径 8.8、腹径 20.2、足边长 10.2 厘米

通高 29.3 厘米，重 3.1 千克

Mouth diameter 8.8 cm, belly diameter 20.2 cm, square ring foot
length 10.2 cm, full height 29.3 cm, weight 3.1 kg

● 器作方体，盝顶形盖，方形子母口，窄沿，方唇，短直颈，
斜肩，鼓腹，矮方圈足。盖四刹面各设一龙鱼形环纽，器
身两肩各有一铺首衔环。盖刹面、器腹均饰错银云气纹。
盖上纹饰依四组分四面排布，纹样相同；器腹纹饰自上而
下可分四层，第一、三层云气纹样形式相同，第二层纹样
为第一、三层纹样颠倒所成；第四层为窄带简化云气纹。
施纹处残留部分白色粉末状痕迹。

兽面双耳鉶

春秋晚期

口径 12.3—14.5、耳间距 16.3 厘米

高 6.3 厘米，重 0.3 千克

He with Double Ears Decorated with
Beast Face Pattern

Late Spring and Autumn Period

Mouth diameter 12.3－14.5 cm, distance between ears 16.3 cm,
height 6.3 cm, weight 0.3 kg

● 整器平面呈椭圆形。口微敛，唇边斜窄，弧腹，平底。
两长边附一对对称的卷尾兽面纹耳，兽口部与器口相接，
与口沿齐平，兽身下部卷曲成环，尾后翘。通体素面。两
耳内侧可见未打磨完全的范线。

龙凤纹樽 | *Zun* with
Dragon and Phoenix Pattern

战国晚期
口径 19.0、腹径 21.5、腹深 7.7 厘米
通高 13.2 厘米，重 2.2 千克

Late Warring States Period
Mouth diameter 19.0 cm, belly diameter 21.5 cm, belly depth 7.7 cm,
full height 13.2 cm, weight 2.2 kg

● 由器盖、器身两部分扣合而成。盖面隆起，顶部平整，盖面置三牛形纽，盖沿边缘有三兽面卡扣。器身直口，内折沿，圆肩，直壁斜收，平底，下附三矮兽蹄形足。腹上部对称置一对铺首衔环。盖顶中心饰两周弦纹，其外饰变形龙凤纹、云纹。器身腹部亦饰变形龙凤纹、云纹，排列与盖面略有不同，龙凤形象更加抽象飘逸。所有纹饰均为嵌错金线而成，又有凹槽内填充绿松石作为装饰。

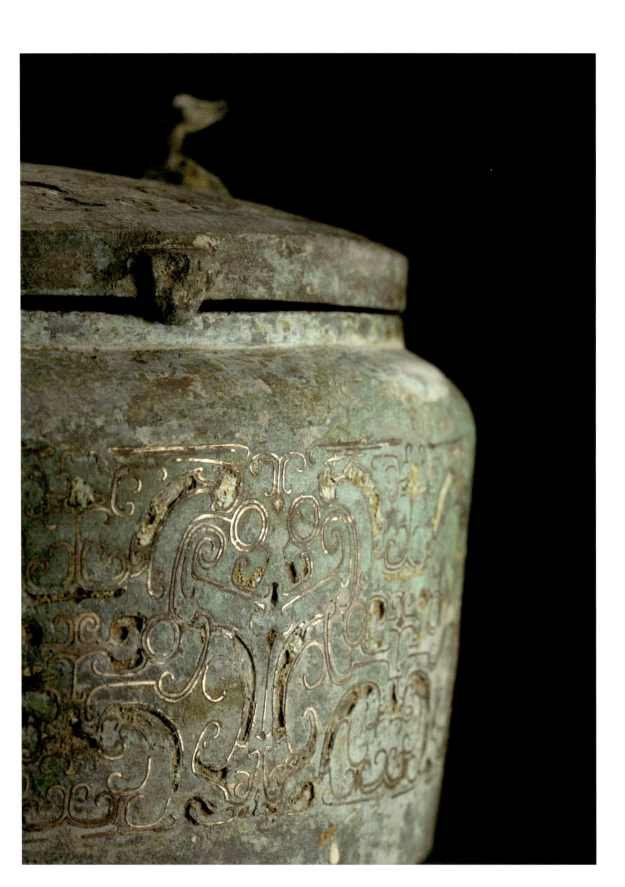

素面樽 | Plain *Zun*

西汉

口径 20.7、腹深 12.4 厘米

高 15.3 厘米，重 1.5 千克

Western Han Dynasty

Mouth diameter 20.7 cm, belly depth 12.4 cm,

height 15.3 cm, weight 1.5 kg

● 整器作直壁圆筒状。直口，平底，下附三足。腹部对称
置一对铺首衔环，一侧衔环处有缺口。铺首依稀可辨眉目，
以鼻衔环。铺首上下各有一周凸宽带纹。

龙首提梁鋞 | Xing with Loop-handle Decorated with Dragon Heads

西汉

腹径 12.0、通高 20.5 厘米

重 1.2 千克

Western Han Dynasty

Belly diameter 12.0 cm, full height 20.5 cm,

weight 1.2 kg

● 整器由器盖、器身、提梁构成。盖面微隆，中部立扁平鼻纽。器身呈圆筒状，深腹，平底，下附三蹄形足。器身上部两侧有纽衔环，接环带提链。提梁呈扁平长条状，两端各有一龙首，龙首齿缘相扣成环，以衔提链。器身中部饰一周凸宽带纹，余均素面。器底有加强筋痕迹。

提梁鍂镂

Loop-handled *Hou Lou*

西汉

口径 7.4、腹深 15.5、高 14.3 厘米

盖高 8.5 厘米，通高 17.3 厘米，重 1.2 千克

Western Han Dynasty

Mouth diameter 7.4 cm, belly depth 15.5 cm, height 14.3 cm;
lid height 8.5 cm; full height 17.3 cm; weight 1.2 kg

● 盖呈敞口覆杯状，盖面微隆，并有一周弦纹，盖缘立三
兽形环纽，盖面与盖身相接处可见一周凸起。器身直口微
敛，束颈，溜肩，肩部内折一周以承器盖，鼓腹，圜底，
下附三蹄形足。腹上部近肩处有纽衔环，接环带提链。提
梁作扁平长条状，两端各有一龙首，龙首齿缘相扣成环，
以衔提链。

盂形鐎斗　Kettle-shaped *Jiao Dou*

西汉

口径 9.8、腹径 16.2 厘米

高 20.1 厘米，重 1.6 千克

Western Han Dynasty

Mouth diameter 9.8 cm, belly diameter 16.2 cm,

height 20.1 cm, weight 1.6 kg

● 直口，束颈，溜肩，鼓腹，肩腹相接处有禽首状流，与流相对一侧腹部有一长直中空方形鋬柄，平底，下接三棱状蹄足。最大腹径处饰一周凸弦纹，上部隐约可见两组以绕圈丝带为间隔的有角兽纹，每处丝带纹两侧的兽纹呈两两相背状，下部饰一周桃形云纹。

叁——水器

Ⅲ

Water
Vessels

蟠虺纹浴缶 | *Yu Fou* with
Pan Hui Scrpent Pattern

春秋晚期
口径 17.7、腹径 33.8、底径 17.6、高 28.0 厘米
通高 32.2 厘米，重 6.4 千克

Late Spring and Autumn Period
Mouth diameter 17.7 cm, belly diameter 33.8 cm, bottom diameter 17.6 cm,
height 28.0 cm; full height 32.2 cm; weight 6.4 kg

● 盖面微隆，顶部有圆形捉手。器身宽沿外折，方唇，直颈，圆广肩，弧腹，下腹近底内收，假圈足，平底内凹。肩部两侧对称置兽形环耳。盖顶捉手有四个近方形镂孔，捉手内纹饰模糊，仅见蟠螭纹。外侧盖面自内而外饰折线纹、蟠螭纹、组合折线纹，以两周绚索纹相隔。器身肩、腹部自上而下饰蟠螭纹、蟠螭纹与三角纹、蟠螭纹，以三周凸弦纹相隔。兽形环耳可见首、尾造型。环耳间各饰两个圆饼形饰，叠压于第二周凸弦纹上，以一同心圆为中心，饰对称的两组兽面。

王子魵匜 | Prince Fu's *Yi*

春秋晚期至战国早期
长 25.0、最大腹径 20.2、高 13.3 厘米
重 1.3 千克

Late Spring and Autumn Period to Early Warring States Period
Length 25.0 cm, maximum belly diameter 20.2 cm, height 13.3 cm,
weight 1.3 kg

● 口微侈，俯视作桃形，卷沿外翻，管式流，腹微鼓，平底，与流相对一侧有鋬。流为兽首形，以斜线纹为地，眼下有须，头顶生角，作张口咆哮状，头部后方线条作蟠虺纹状。鋬为镂空龙形，弓身，探首，卷尾。器身口沿下及上腹部各饰一周蟠虺纹，以一周绹索纹相隔。内底有铭文"王子魑之会匜，永保用之"两行十字。

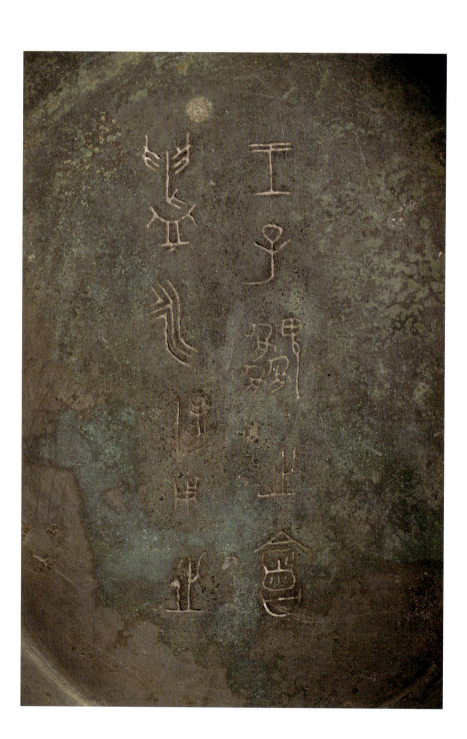

王子**魒**盘 | Prince Fu's Plate

春秋晚期至战国早期

口径 37.7、高 9.9 厘米

重 2.9 千克

Late Spring and Autumn Period to Early Warring States Period

Mouth diameter 37.7 cm, height 9.9 cm,

weight 2.9 kg

● 直口微敛，卷沿外翻，浅腹，圜底，下附三环形兽首状足。腹部有两对对称环耳，一对饰绚索纹，另一对在小环之内又套大环，环体均镂空呈交绳状。腹部饰两周蟠虺纹，间饰一周小型蟠螭纹。内底有铭文"王子臒之盥盘，永保用之"两行十字。

羊纹盘 | Plate with
Sheep Pattern

汉代 | Han Dynasty

口径32.0、高10.1厘米 | Mouth diameter 32.0 cm, height 10.1 cm,

重1.7千克 | weight 1.7 kg

● 宽折沿外翻，近方唇，腹略鼓，平底，圈足，足墙外撇。
腹两侧有一对对称铺首，外足墙上起两周凸棱。内底正中
铸羊纹，头颅高昂，似在行走。羊纹左上有一四瓣柿蒂纹，
右侧为"严氏作"铭文。整器模铸，外底可见凸棱范线。

肆
—
乐器

IV
Musical
Instruments

龙纹甬钟

春秋晚期

通高 44.8、铣间 24.9 厘米

甬高 14.0、枚高 1.8 厘米，重 2.8 千克

Yong Zhong with
Dragon Pattern

Late Spring and Autumn Period

Full height 44.8 cm, *xian jian* 24.9 cm,

yong height 14.0 cm, *mei* height 1.8 cm, weight 2.8 kg

Yong Zhong (Bell with Cylindrical Handle on Top)
xian jian (width between horns)
yong (cylindrical handle)
mei (nipple-like projection on the bell)

● 钟身作合瓦形，舞部平坦，上立柱形甬，上细下粗，甬
中下部有旋，旋上有干。甬部饰变形蟠螭纹，衡部无饰，
仅一道范线。舞部饰变形蟠螭纹，以宽带纹为界。钲部素面。
钲边、篆间以凸棱为界，篆带饰交尾卷龙纹。篆间正反两
面各有枚六组十八个，共三十六个。正鼓以云雷纹为地，
饰简化兽面纹，兽目凸起，兽面口部及双角装饰细密点纹。

蟠虺纹纽钟 | *Niu Zhong* with Pan Hui Serpent Pattern

春秋晚期 | Late Spring and Autumn Period

通高 24.2、铣间 15.1 厘米，纽高 4.4 厘米，重 2.0 千克	Full height 24.2 cm, *xian jian* 15.1 cm, knob height 4.4 cm, weight 2.0 kg
通高 21.5、铣间 13.5 厘米，纽高 3.8 厘米，重 1.6 千克	Full height 21.5 cm, *xian jian* 13.5 cm, knob height 3.8 cm, weight 1.6 kg
通高 20.5、铣间 12.5 厘米，纽高 3.4 厘米，重 1.4 千克	Full height 20.5 cm, *xian jian* 12.5 cm, knob height 3.4 cm, weight 1.4 kg
通高 19.0、铣间 11.5 厘米，纽高 3.4 厘米，重 1.2 千克	Full height 19.0 cm, *xian jian* 11.5 cm, knob height 3.4 cm, weight 1.2 kg
通高 17.3、铣间 10.3 厘米，纽高 3.1 厘米，重 0.8 千克	Full height 17.3 cm, *xian jian* 10.3 cm, knob height 3.1 cm, weight 0.8 kg
通高 15.5、铣间 9.1 厘米，纽高 3.0 厘米，重 0.7 千克	Full height 15.5 cm, *xian jian* 9.1 cm, knob height 3.0 cm, weight 0.7 kg
通高 14.0、铣间 8.4 厘米，纽高 2.9 厘米，重 0.6 千克	Full height 14.0 cm, *xian jian* 8.4 cm, knob height 2.9 cm, weight 0.6 kg
通高 13.0、铣间 7.6 厘米，纽高 2.5 厘米，重 0.5 千克	Full height 13.0 cm, *xian jian* 7.6 cm, knob height 2.5 cm, weight 0.5 kg
通高 11.8、铣间 7.1 厘米，纽高 2.3 厘米，重 0.5 千克	Full height 11.8 cm, *xian jian* 7.1 cm, knob height 2.3 cm, weight 0.5 kg

Niu Zhong (Bell with Semi-circular Knob on Top)

● 九件一组，大小相次，形制基本相同，纹饰细节有差异。

● 钟身作合瓦形，上窄下阔，无枚，平舞，平腹，铣侈，于口凹，竖环绚索状纽。舞部从纽处一分为二，两侧各有双首顾龙纹两组，呈轴对称分布。钲、篆、鼓之间有蛇纹界格。钲部素面无纹。篆带、鼓部均饰蟠虺纹，蟠虺相交处与端处均有圆点凸起。鼓部中央有卷龙纹。第五、六、八、九号钟鼓部右侧正反均饰昂首鸾鸟纹，应为第二基音标志。部分鼓部内壁可见磋磨痕；第一、二、三、六号钟舞面中央有凹坑穿孔，疑为泥芯撑脱范残留。

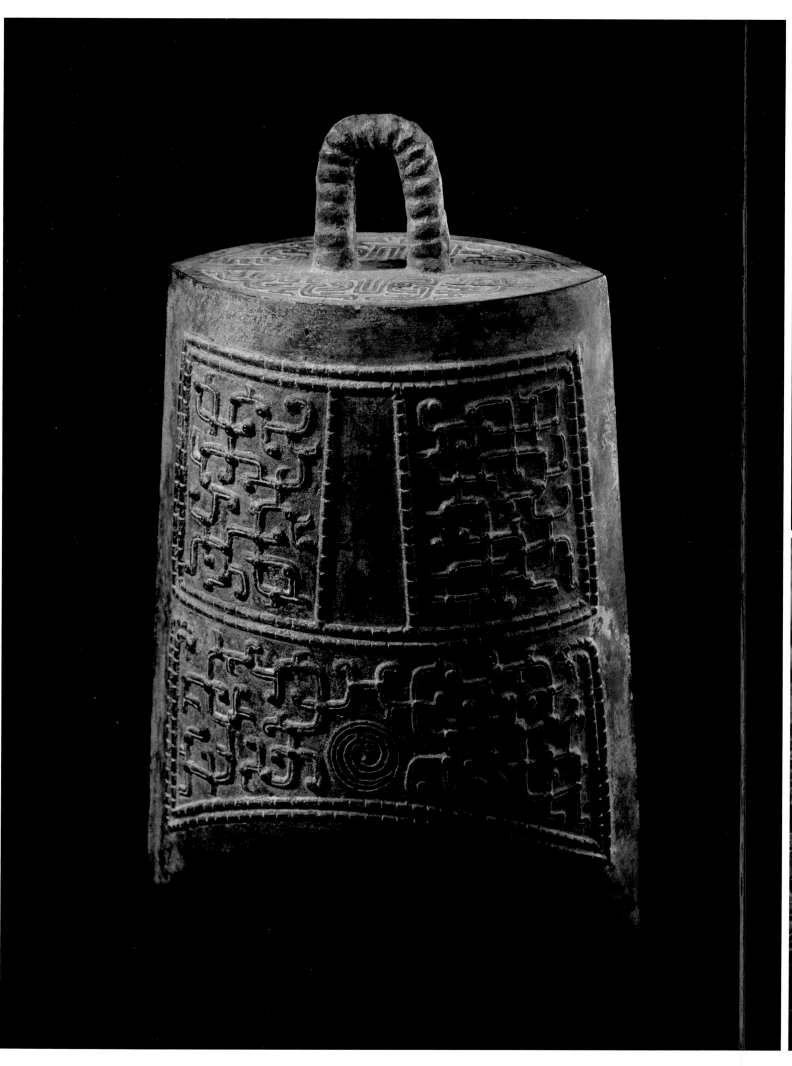

蟠螭纹纽钟 | *Niu Zhong* with Pan Chi Dragon Pattern

战国早期 | Early Warring States Period

通高 28.0、铣间 16.2 厘米，纽高 7.7 厘米，重 2.8 千克 | Full height 28.0 cm, *xian jian* 16.2 cm, knob height 7.7 cm, weight 2.8 kg

通高 25.7、铣间 15.4 厘米，纽高 7.2 厘米，重 2.2 千克 | Full height 25.7 cm, *xian jian* 15.4 cm, knob height 7.2 cm, weight 2.2 kg

通高 23.3、铣间 12.7 厘米，纽高 6.9 厘米，重 1.7 千克 | Full height 23.3 cm, *xian jian* 12.7 cm, knob height 6.9 cm, weight 1.7 kg

● 三件一组，大小相次，形制、纹饰完全一致。

● 钟身作合瓦形，环纽。钲部饰对称交龙纹，填以细线三角纹、圆圈纹。篆带、鼓部纹饰相同，均饰蟠螭纹，以细线云雷纹为地。篆间有枚六组十八个，枚上饰以细直线构成的凤鸟纹，大部模糊。舞部纹饰大多锈蚀，残余部分可见龙纹，并填以细线三角纹、圆圈纹。纽饰立三角几何纹。三件钟上均有若干浇铸孔。

伍

兵器

V

Weapons

复合剑 | Compound Sword

战国早期

Early Warring States Period

通长 59.4、宽 4.7 厘米，格宽 5.0、厚 2.0 厘米

Full length 59.4 cm, width 4.7 cm; *ge* width 5.0 cm, thickness 2.0 cm;

茎长 9.0 厘米，重 0.75 千克

jing length 9.0 cm; weight 0.75 kg

ge (the guard of a sword)
jing (the hilt or grip of a sword)

● 剑作斜宽从厚格式。剑身宽长，近锋处收狭明显，双刃呈弧形，刃锋锐利。中起脊线，两从斜弧凹。厚格呈倒"凹"字形，光素无纹。实心圆茎，上有两周凸箍，圆盘形首内凹。剑从与剑脊为两种不同比例的合金制成，呈明显的青白二色。

薄格圆茎剑

Sword with Thin *Ge* and
Round *Jing*

战国早期

通长 38.8、宽 3.3 厘米，格宽 3.3、厚 1.5 厘米

茎长 8.5 厘米，重 0.3 千克

Early Warring States Period

Full length 38.8 cm, width 3.3 cm; *ge* width 3.3 cm, thickness 1.5 cm;

jing length 8.5 cm; weight 0.3 kg

● 剑作斜宽从薄格式。剑身较宽，近锋处收狭，前锋尖锐，
左右两刃不完全对称。中脊线隆起，两从斜弧凹。"一"
字形窄平格。中空圆茎，上细下粗，无箍，平薄环形首，
皆素。茎、首间有浇铸口痕迹。剑首有玉石类镶嵌物，或
为后加。

薄格圆茎剑 | Sword with Thin *Ge* and
Round *Jing*

战国早期 | Early Warring States Period

通长 44.0、宽 2.0 厘米，格宽 4.8、厚 2.2 厘米 | Full length 44.0 cm, width 2.0 cm; *ge* width 4.8 cm, thickness 2.2 cm;

茎长 8.2 厘米，重 0.58 千克 | *jing* length 8.2 cm; weight 0.58 kg

● 剑作斜宽从薄格式。剑身宽长，近锋处收狭，刃锋锐利，
双刃呈弧形。中起脊线，两从略内凹。"一"字形窄平格。
中空圆茎，两端粗，中段略细，无箍，平薄环形首，皆素。
刃两侧有多处缺口，茎一侧有清晰的范线。

厚格双箍剑 | Sword with Thick *Ge* and Double Bands

战国晚期

通长 37.6、宽 4.0 厘米，格宽 4.5、厚 2.1 厘米

茎长 8.0 厘米，重 0.4 千克

Late Warring States Period

Full length 37.6 cm, width 4.0 cm; *ge* width 4.5 cm, thickness 2.1 cm; *jing* length 8.0 cm; weight 0.4 kg

● 剑作斜宽从厚格式。剑身宽厚，近锋处收狭，刃锋较锐。中起脊线，两从斜弧凹。厚格呈倒"凹"字形，光素无纹。实心圆茎，上有两周凸箍，圆盘形首内凹。第一道箍与格之间可见编织绳纹，其余部位未见有明显纹饰。刃两侧有多处缺口。

素面镈 | Plain *Zun*

战国早中期

口径 3.5、高 13.4 厘米

重 0.19 千克

Early and Mid Warring States Period

Mouth diameter 3.5 cm, height 13.4 cm,

weight 0.19 kg

Zun (Conical Metal Sheath at the Lower End of a Dagger-axe)

● 镈为柲（戈柄）下端的金属套，口形与柲横截面相同，以纳柲体。整体呈扁圆筒状，内部中空。銎口呈扁圆形，近中部有一周凸棱，其下为不规则的八棱体，下部渐收窄，呈束腰状，至底部又渐宽，形似马蹄。凸棱下对称置两孔。整器皆素，有三处较为明显的补痕。

夔龙纹镈 | *Zun* with
Kui-dragon Pattern

Golden Orient

Bronze Wares Donated
by Yang Xiu

P. 181

战国中期

口径 2.5、高 12.5 厘米

重 0.1 千克

Mid Warring States Period

Mouth diameter 2.5 cm, height 12.5 cm,

weight 0.1 kg

● 整体呈长锥状，内部中空。銎口呈扁圆形，中上部有一
周凸棱，其下为渐收的八棱体，凸底。凸棱下对称置两孔。
器身以凸棱为界，上部饰简化夔龙纹，下部饰对称卷云纹，
卷云纹之间有一细长凹线，凹线中部有交叉短弧线，凸棱
上饰一周三角云纹。

箭镞 | Arrowheads
37 pieces of a set

先秦两汉
镞身长 2.0—4.8、通长 3.2—8.2 厘米
合计重 0.5 千克

Pre-Qin to Western and Eastern Han Dynasties
Body length 2.0 – 4.8 cm, full length 3.2 – 8.2 cm,
total weight 0.5 kg

先秦两汉
镞身长 2.0—4.8、通长 3.2—8.2 厘米
合计重 0.5 千克

● 包括双翼镞7件、三翼镞2件、三棱镞26件、四棱镞2件。

● 双翼镞可分两类。一类中脊呈单线形棱状，与双翼间无明显分界，脊身断面呈菱形，两翼向后收拢，整体呈矛形。另一类中脊圆鼓凸出，与双翼间有明显分界，双刃向后斜出成锋。

● 三翼镞，镞身圆脊上附三翼，呈120°，即有三刃。铤身呈叶形，三刃呈弧线缓聚成前锋，后接三后锋。铤从关下细出，分界明显。

● 三棱镞无外伸之翼，脊三条棱即成刃，铤细于镞身，分界明显，部分箭镞铤轶。一类镞三棱向后转折收拢接铤，通体截面呈菱形。另一类三棱后接六棱柱形本，再与铤相连。部分镞身棱面凹陷成血槽。

● 四棱镞形制构成与三棱镞相似，无外伸之翼，脊四条棱即成刃，四棱向后转折收拢接铤，铤细于镞身，分界明显。

陆

铜镜

VI

Bronze
Mirrors

内清连弧纹日光镜

Mirror with Continuous Arc
Pattern and Inscription

西汉

Western Han Dynasty

直径 13.0、缘厚 0.46、纽高 0.7 厘米

Diameter 13.0 cm, thickness 0.46 cm, knob height 0.7 cm,

重 0.3 千克

weight 0.3 kg

内青明以合象天（夫）日月光去不羊（祥）

● 圆形，圆纽，四叶柿蒂纹纽座。内区与纽座以宽带纹分隔，其外为内向八连弧纹，连弧纹与宽带纹以四组对称的三段短线相连。外区两周短斜线纹间有一周铭文"内青明以合象天（夫）日月，光去不羊（祥）"，每字之间以"而"字纹分隔，"内"与"羊"之间以两点分隔。宽半素缘。

见日之光连弧纹镜 | Mirror with Continuous Arc
Pattern and Inscription

西汉 | Western Han Dynasty

直径 8.0、缘厚 0.45、纽高 0.3 厘米 | Diameter 8.0 cm, thickness 0.45 cm, knob height 0.3 cm,

重 0.1 千克 | weight 0.1 kg

见日之光连弧纹镜 | Mirror with Continuous Arc
Pattern and Inscription

西汉 | Western Han Dynasty

直径 8.0、缘厚 0.45、纽高 0.3 厘米 | Diameter 8.0 cm, thickness 0.45 cm, knob height 0.3 cm,

重 0.1 千克 | weight 0.1 kg

● 圆形，圆纽，圆纽座。内区为内向八连弧纹，纽座与连弧间以单段或三段一组的短线连接，呈光芒放射状。外区两周短斜线纹间有一周铭文"见日之光，天下大明"，每字间以菱格纹或涡纹相隔。宽平素缘。

八乳鸟兽纹规矩镜 | Mirror with Eight Nipple,
Bird and Beast Patterns

西汉 | Western Han Dynasty

直径 15.4、缘厚 0.51、纽高 0.6 厘米 | Diameter 15.4 cm, thickness 0.51 cm, knob height 0.6 cm,

重 0.5 千克 | weight 0.5 kg

● 锈蚀严重。圆形，圆纽，纽座仅存痕迹。纽外为双重方
框，框内为一周十二枚乳丁，每枚乳丁外均有一周圆环。
框外周饰八枚乳丁，每枚乳丁外均有两周圆环，乳丁间饰
规矩纹及鸟兽纹。外携铭文一周，已无法辨认。近缘边处
隐约可辨三角形锯齿纹。